JN085655

食感 と 軽さ がうれしい

「米粉」で作る いつものお菓子

みのすけ通信お菓子教室
柳谷みのり

文化出版局

手のひらサイズの
小さな焼き菓子

CONTENTS

1台で焼く

ケーキとタルト

・オーブンは電気オーブンを使っています。
　機種によって火加減が多少異なるので、
　焼き加減を見ながら調節してください。

・ハンドミキサーは機種によって多少回転
　数が異なるので、攪拌時間にズレが出る
　ことがあります。終点の状態を見ながら
　調整してください。

はじめに

私が米粉のお菓子に出合ったのは、
製菓専門学校の助手として勤務していたときです。
それは米粉のフルーツロールケーキ。
きつね色に輝く焼き面と、厚みのある黄色の生地で、
クリームとフルーツと合わせて食べると、
シュワッふわっと口の中でとけていきました。
「こんな軽やかなロールケーキ食べたのは初めて！
米粉ってすごい！」と、感動的でした。

数年後、教室を運営するようになっていろいろなお菓子を作っているとき、
ふとあの感動がよみがえり、米粉のお菓子を作り始めました。
ロールケーキはもちろん、クッキー、シュークリーム、タルト、シフォンケーキ……。
それぞれのお菓子で米粉の軽やかな食感が生まれ、私の探求心に火がつきました。
教室のメニューにも米粉スイーツがしばしば登場するようになり、
今では米粉の講座を楽しみにしてくださっている方が多くいらっしゃいます。

また、何も言わないで米粉のお菓子を親しい人に試食してもらうと、
「今日のお菓子、いつもとちょっと違うね。
なんだか軽くておいしかった！　また食べさせてね〜」と、
口をそろえて言われます。こんな感想を聞くたび私の胸は高鳴り、
「いつものお菓子を米粉でもおいしく作れるようになったんだぁ」と、
自信と喜びで心満たされます。

米粉を使うときの最大の魅力は"ふるわなくていい"こと。
ちょっぴりずぼらな私の性格にはぴったり。ふるう手間が省けると、
家事や育児で忙しい日々の中でもすぐ作ろうと思えます。
自分の感じた米粉へのわくわくした気持ちを、
この本のレシピの中にたくさん詰め込みました。
ぜひ、多くの方に気楽な気持ちで米粉のお菓子作りを楽しんで、
ティータイムのお供にしていただけることを心から願っています。

柳谷みのり

米粉とは

文字通り、お米を砕いて粉状にしたものです。

米粉の歴史は古く、奈良時代にさかのぼります。当時はもち米から作った白玉粉、うるち米から作った上新粉などがあって、おだんごやお餅、ようかん、おせんべいなどに使われていたそうです。

米粉はもちもちした食感で、油を吸いにくいためヘルシーなのが特徴。さらに、グルテンを含まないから小麦アレルギーの人も安心して食べられます。

種類は、菓子・料理用、パン用、めん用の3種類があります。それぞれアミロースの含有量が異なり、含有量が多くなるほど弾力性が増します。ちなみに菓子・料理用は20％未満です。

本書で使う米粉

一般のスーパーマーケットなどで販売されている菓子・料理用のものを使用します。ただし、米粉の種類やメーカー、粉砕方法などによって吸水率が異なるため、若干でき上がりに差が出ます。

お菓子作りに米粉を使う4つの利点

1
ふるわなくていい

小麦粉の場合は粉ふるいでふるってから使いますが、米粉は油分が少なくサラサラとしているため、ふるう必要はありません。袋から出してそのまま使えます。

2
他の材料と混ざりやすい

粒子が細かいので他の材料と混ぜてもダマになることはありません。ただし、ダマになりやすい抹茶やココアなどと合わせるときは、しっかり混ぜて均一にすることが大切です。

3
でき上がりが軽い

グルテンがない分、粘りが出ないので、小麦粉を使ったお菓子に比べてライトな仕上がりです。口どけがよく、ずっしりとおなかにたまることもありません。

4
食感の違いが楽しい

サクサク、サクッふわっ、サクサクしっとり、サクッとろっ、しっとり、外はカリッ中はもちっなど、いろいろな食感が生まれます。各レシピに明記している食感を楽しんでください。

知っておきたい！
よく出てくる下準備

室温に戻す

バターやクリームチーズは、冷蔵庫から出して室温と同じになるまで放置してやわらかくします。目安は指がスッと入るくらい。

卵はボウルに割り入れ、乾燥を防ぐためにラップをかけて室温におきます。卵黄と卵白に分けた場合もラップをかけます。

粉類をしっかり混ぜる

ダマになりやすい抹茶やココアなどを使う場合は、ホイッパーでしっかり混ぜて均一にしておきます。混ぜてもダマが残った場合は、ゴムべらや指でつぶしてください。こうしておけば味や見た目にムラができません。

絞り出し袋をセットする

口金を袋の先端に差し込んで、袋をねじってカップに入れ、はみ出した部分をカップの外側に折り返します。ちなみに本書では使い捨てタイプの絞り出し袋を使用しています。

型にバターをぬる

型紙が敷けない形の型にはバターを薄くぬります。指で型の凹凸の隅々まで行き渡るようにぬりましょう。マドレーヌ型、マフィン型、フィナンシェ型、クグロフ型、カヌレ型に。

型にオーブンシートを敷く

凹凸のない型にはオーブンシートを敷きます。型のサイズに
合わせてシートをカットしてきっちりと敷き込みます。

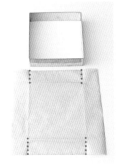

+1cmはみ出す長さ

スクエア型（セルクル）
型に合わせてオーブン
シートを折り、赤線部
分をカットする。

パウンド型
型に合わせてオーブン
シートを折り、赤線部
分をカットする。

丸型
底部分は直径15cmに
カットし、側面部分は
型から1cmはみ出す長
さにカットする。

マフィン型
底部分は直径6cmにカ
ットし、側面部分は7
cm高さになるようにカ
ットする。

グラシンカップを入れる場合
1枚ずつ型に入れる。

湯せんにかける

鍋に湯を沸かして火を止め、
ボウルの底を当ててバターや
チョコレートをとかします。
湯の温度の目安は70℃くらい。

この本の使い方

お菓子作りで大切なことは分量をきっちりはかること。粉類だけでなく、水分や液体もはかりで計量します。それを効率よく行うために、次の作業を考えてボウルや小さな容器に入れて計量すると、作業がスムーズにできて洗い物も少なくてすみます。

Ⓐ 計量の容器マーク

レシピ中に、何に入れてはかればいいかを示しているので参考にしてください。

ボウル
次の作業を考えて大や小を使います。

ココットのような小さな容器
分量が少ないものを計量するときに使います。

鍋
材料を火にかける場合に使います。

Ⓑ 予熱のタイミングと温度
効率よく作業を進めるためのオーブンを予熱するタイミングです。

Ⓒ おいしく食べられる目安
保存方法とおいしく食べられる期間の目安です。

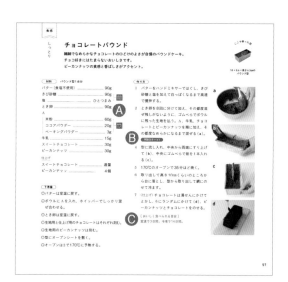

残った米粉の保存の仕方

密閉容器に入れて冷暗所で保存します。暑い季節でなければ常温で大丈夫。ただし、袋のままだと口の隙間から湿気や虫が入ることがあるので、チャックの部分についた粉を落として空気を抜いてから密閉容器に入れてください。保存期間はきちんと保存すれば1年くらい。出し入れする際の温度差で結露ができて湿気ることもあるので、出し入れは手早く行うようにしましょう。

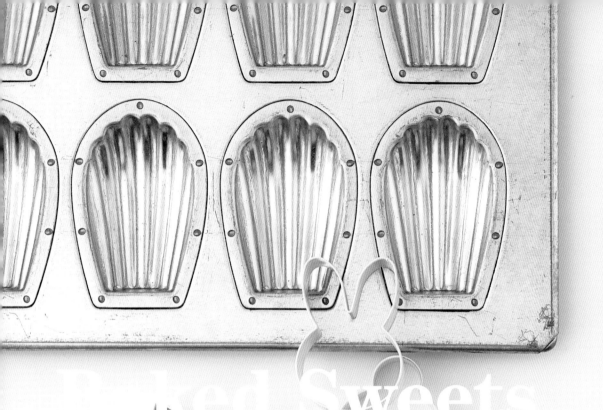

手のひらサイズの小さな焼き菓子

Baked Sweets

クッキーやプチシュークリーム、マフィン、フィナンシェ、カヌレなど、手のひらサイズのお菓子がいっぱいです。それぞれ食感が違うので、ワクワクが止まりません。ティータイムが楽しくなるお菓子が次々に登場です。

11

スノーボール

口に入れると瞬く間に砕けて消えてしまいます。やさしい甘さでいくつでも食べられそう。
きび砂糖をまぶすタイミングは、生地がほんのり温かいうちに。
熱すぎても冷めすぎてもきれいな仕上がりになりません。

材料	24個分
きび砂糖	15g
アーモンドパウダー	30g
米粉	50g
塩	ひとつまみ
バター（食塩不使用）	50g

仕上げ

きび砂糖	適量

◎バターは冷やしておく。

◎天板にオーブンシートを敷く。

◎オーブンは **2** で160℃に予熱する。

◎ポリ袋に仕上げ用のきび砂糖を入れる。

作り方

1 ボウルにバター以外の材料を入れ、ホイッパーでぐるぐる混ぜる。

2 冷たいバターを入れ、カードで切り混ぜる（**a**）。粉気がなくなったら手でまとめる。

予熱スタート！

3 はかりで6gずつ計量して分割し、ボール状に丸めて天板に並べる（**b**）。

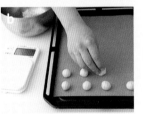

4 160℃のオーブンで約20分焼き、そのまま冷ます。

5 〈仕上げ〉手で触って温かく感じるくらいまで冷めたら、きび砂糖入りのポリ袋に入れてふり混ぜ（**c**）、完全に冷めるまでそのまま15分ほどおく。バットに取り出し、茶こしできび砂糖をふる。

[おいしく食べられる目安]
乾燥剤とともに密閉容器に入れて室温で5日間。

アイスボックスクッキー ココア＆紅茶

サクッほろっ

見た目より軽い食感に驚き！
ココアも紅茶もしっかりした風味が口の中いっぱいに広がります。
生地を2等分すると、きれいに生地がのばせるので初心者におすすめです。

材料 ココア24個分／紅茶22個分

ココア

バター（食塩不使用）	70g
きび砂糖	30g
塩	ひとつまみ

A

ココアパウダー	15g
アーモンドパウダー	30g
米粉	70g
牛乳	10g
アーモンドスライス	30g

紅茶

バター（食塩不使用）	70g
きび砂糖	30g
塩	ひとつまみ

B

アーモンドパウダー	40g
米粉	80g
牛乳	10g
紅茶（アールグレイ）の茶葉	4g

作り方

1　ボウルにバターを入れてきび砂糖と塩を加え、ゴムべらですり混ぜる。

2　**A**（紅茶は**B**）を加えて切り混ぜ、そぼろ状になったら牛乳を加えて（**a**）混ぜる。

3　アーモンドスライス（紅茶は茶葉）を加えて混ぜ、ラップに包んで平らにして（**b**）冷蔵庫で最低30分休ませる。

4　生地を2等分してそれぞれ13cm（紅茶は12cm）長さの円筒状に成形し（**c**）、カットしたオーブンシートで巻いて冷蔵庫で1時間以上休ませる。

5　シートをはずして端を切り落とし、1cm厚さの輪切りにし、天板に並べる。

予熱スタート！

6　170℃のオーブンで18分焼き、網にのせて冷ます。

［おいしく食べられる目安］
乾燥剤とともに密閉容器に入れて室温で5日間。

下準備

◎バターはそれぞれ室温に戻す。

◎**A**と**B**はそれぞれボウルに入れ、ホイッパーでしっかり混ぜる。

◎オーブンシートを13×15cmに2枚カットする。

◎オーブンは**5**で170℃に予熱する。

型抜きクッキー

サクサク

お気に入りの型で軽やかでサクサクのクッキーを楽しみましょう。
米粉の生地は型抜きしやすいかたさになるまで冷やすのがポイント。
冷やす時間が小麦粉の生地より短いのが利点です。

ここで使った型

うさぎ約6.3 × 4.6cm
くま約5 × 6cm
猫約5.5 × 5.6cm
ひよこ約5 × 6.2cm

（材料）　うさぎ、くま、猫、ひよこの抜き型約12個分

バター（食塩不使用）........................... 50g
きび砂糖 35g
とき卵 10g
A
　米粉 70g
　アーモンドパウダー 20g
仕上げ
とき卵 .... 適量

（下準備）

◎バターは室温に戻す。

◎Aはボウルに入れ、ホイッパーでしっかり混
　ぜる。

◎天板にオーブンシートを敷く。

◎オーブンは6で160℃に予熱する。

◎仕上げ用のとき卵は茶こしでこして、小さじ
　½くらいの水と合わせて混ぜる。

（作り方）

1　ボウルにバターときび砂糖を入れ、ゴム
　　べらでなじむまですり混ぜる（a）。

2　とき卵を2回に分けて加えて、その都度
　　同様にすり混ぜる。

3　Aを加え、ゴムべらで切るようにして
　　混ぜ、そぼろ状になったら手で押してま
　　とめる。

4　生地をフリーザーバッグに入れて（また
　　はラップではさむ）、18 × 19cmにのば
　　す（b）。

　　＊ここでは生地をのばすのにちょうどいい大き
　　　さのフリーザーバッグを使用。

5　フリーザーバッグの口を閉じて（または
　　ラップに包んで）、冷蔵庫で1時間ほど
　　休ませる。

6　バッグをはさみで切って（または上のラ
　　ップをはがして）生地を取り出し、再度
　　めん棒で5mm厚さにのばして表面を整
　　え、型抜きして天板に並べる（c）。

（予熱スタート！）

　　＊残った生地はひとまとめにし、再び5mm厚さにのばして型抜きする。

7　〈仕上げ〉とき卵を刷毛で均一にぬり、160℃のオーブンで15分ほど焼
　　く。網にのせて冷ます。

[おいしく食べられる目安]
乾燥剤とともに密閉容器に入れて室温で5日間。

カリッ

香ばしはりねずみフロランタン

卵、牛乳、小麦粉なしのフロランタン。
生地にもヌガーにもたっぷり練り込まれたアーモンドスライスの香ばしさが味のアクセントです。
はちみつ入りの生地は焼き色がすぐにつくので、焼きすぎには注意しましょう。

ここで使った型

約7×5cmの
はりねずみの抜き型

材料　はりねずみの抜き型12個分

A

きび砂糖	30g
はちみつ	20g
豆乳（成分無調整）	5g
米油	50g
アーモンドパウダー	50g

B

米粉	70g
ベーキングパウダー	2g
アーモンドスライス	20g

ヌガー

きび砂糖	25g
はちみつ	20g
豆乳（成分無調整）	8g
米油	8g
アーモンドスライス	40g

下準備

◎ B はボウルに入れ、ホイッパーでしっかり混ぜる。

◎ アーモンドスライス60g（20g＋40g）は160℃のオーブンで10分ほどローストし、生地分の20gは手で砕く。

◎ 天板にオーブンシートを敷く。

◎ オーブンは3で140℃に予熱する。

作り方

1　ボウルに A を入れてホイッパーで混ぜ、B を加えてゴムべらで切り混ぜる。

2　砕いたアーモンドスライスを加え、手で握ってひとまとめにする。

3　ラップに2の半量をのせ、上にラップをのせてはさみ、両サイドに5mm厚さのルーラーを置いてめん棒で18×12cmにのばす（a）。残りの生地も同様にしてのばす。

予熱スタート！

＊まとまりにくい生地なので、2つに分けてのばすと作業がスムーズ。

4　型抜きして、天板に並べる。「のばす→型で抜く」を繰り返して12個分取る。

＊型に生地がくっつく場合は、米粉（分量外）を型につけると離れやすい。

5　生地の一部を取り、米粉と豆乳（各分量外）を少量加えて丸め、鼻を作って4にくっつけ、箸で目にする穴をあける（b）。

＊作業中に生地が崩れたら指で押さえて修正する。

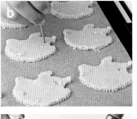

6　140℃のオーブンで4分焼いて取り出す。

7　〈ヌガー〉鍋にアーモンド以外の材料を入れて火にかけ、112℃になるまで煮詰める（c）。

8　残りのアーモンドスライスを加えてゴムべらで軽く混ぜてなじませ、火を止める。

9　熱いうちにフォークで6にのせ、160℃のオーブンで12分焼く。このときアーモンドが崩れたところがあれば、熱いうちに整える。

[おいしく食べられる目安]
乾燥剤とともに密閉容器に入れて室温で5日間。

バイカラー絞り出しクッキー

空気をしっかり含ませているので軽くてサクッふわっのクッキー。
2色のクッキーの味が口の中で合体して深い味わいに。
家庭で簡単にできる2色の生地の絞り方、必見ですよ。

材料　20個分

バター（食塩不使用） 50g
きび砂糖 40g
とき卵 25g
米粉 60g
ココアパウダー 4g

下準備

◎バターととき卵はそれぞれ室温に戻す。

◎絞り出し袋に星口金7番をセットする。

◎天板にオーブンシートを敷く。

◎オーブンは3で180℃に予熱する。

作り方

1　ボウルにバターを入れてきび砂糖を加え、ハンドミキサーの高速で白っぽくなるまで混ぜる。

2　とき卵を4回に分けて加え、ハンドミキサーの高速で混ぜる。1回終えるたびにボウルについた生地をゴムべらでかき落とし（a）、混ぜ残しがない状態で次の卵を加える。

3　米粉を加えてゴムべらで切り混ぜ、まとまってきたらボウルにすりつけながら混ぜる。

予熱スタート！

4　3の半量を使い捨てタイプの絞り出し袋に入れ、袋の先端をカットして切り口ぎりぎりまでカードで生地を押す（b）。

5　残りの生地にココアパウダーを茶こしでふるい入れ、ゴムべらで混ぜる。こちらも4と同様にして別の絞り出し袋に入れる。

6　セットした絞り出し袋に4と5の絞り出し袋を入れる（c）。

7　天板に直径3cmの円形に絞り出し（d）、180℃のオーブンで15分焼く。網にのせて冷ます。

［おいしく食べられる目安］
乾燥剤とともに密閉容器に入れて室温で5日間。

ロシアケーキ

レトロモダンな見た目が魅力のクッキー。
チョコレートやアーモンドスライス、いちごジャムをトッピングしてカラフルに仕上げましょう。
二度焼きするので、焼きすぎに注意して。

直径5cmの丸抜き型

型抜き生地

バター（食塩不使用）............................	50g
きび砂糖	35g
とき卵	10g
米粉	70g
アーモンドパウダー	20g

絞り出し生地

バター（食塩不使用）............................	50g
きび砂糖	40g
とき卵	20g
米粉	60g

仕上げ

コーティング用ホワイトチョコレート	適量
アーモンドスライス	適量
いちごジャム	適量

チョコレートで
コーティングして
おいしいアレンジ

仕上げにコーティング用スイートチョコレートをつけると、チョコロシアケーキができます。ホワイトチョコレートと同様に湯せんにかけてとかします。

下準備

◎バターはそれぞれ室温に戻す。

◎とき卵はそれぞれ室温に戻す。

◎天板にオーブンシートを敷く。

◎オーブンは5で160℃に予熱する。

◎絞り出し袋に星口金7番をセットする。

◎仕上げ用のアーモンドスライスは160℃のオーブンで15分ほどローストする。

1

〈型抜き生地〉ボウルにバターを入れてきび砂糖を加え、ゴムべらですり混ぜる。

2

とき卵を3回に分けて加え、その都度ゴムべらですり混ぜる。粉類も加え、ゴムべらで切り混ぜる。

3

そぼろ状になったら手で押してまとめる。

4

生地をフリーザーバッグに入れて(またはラップではさむ)、めん棒で18×19cmにのばし、冷蔵庫で1時間ほど休ませる。

＊ ここでは生地をのばすのにちょうどいい大きさのフリーザーバッグを使用。

5

バッグをはさみで切って開き(または上のラップをはずして)、5mm厚さにのばして表面を整える。

予熱スタート！

6

型抜きして天板に並べる。

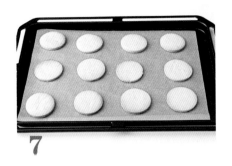

7

160℃のオーブンで12分ほど焼き、天板の上でそのまま冷ます。

8

〈絞り出し生地〉ボウルにバターを入れてきび砂糖を加え、ハンドミキサーで白っぽくなるまで混ぜる。

9

とき卵を2回に分けて加え混ぜる。1回目を混ぜ終わったらボウルについた生地をゴムべらでかき落とし、混ぜ残しがないようにして2回目を加える。

10

米粉を加えてゴムべらで切り混ぜ、まとまってきたらボウルにすりつけて混ぜる。絞り出し袋に入れる。

11

7の上に10を直径5cmの円形と星形（8個）に絞り出し、170℃のオーブンで12分ほど焼き、そのまま冷ます。

12

〈仕上げ〉コーティング用チョコレートは湯せんにかけてとかし、11の表面につけたり、絞り出した内側にスプーンで入れる。

13

アーモンドスライスをのせて冷蔵庫で10分ほど冷やし固め、いちごジャムをスプーンでのせる。

[おいしく食べられる目安]
ジャムをのせたものは当日。そのほかは乾燥剤とともに密閉容器に入れて室温で5日間。

サクサク

ラングドシャ

きび砂糖の効果でキャラメルのような風味が漂い、次々に手がのびてしまいます。
甘さ控えめで深みのある味わい。
卵白を混ぜるときは、分離しないように気をつけましょう。

材料　27枚分

A
バター（食塩不使用）	25g
きび砂糖	30g
塩	ひとつまみ
バニラオイル	2滴
卵白	20g
米粉	15g

仕上げ
コーティング用チョコレート	適量

下準備

◎バターと卵白はそれぞれ室温に戻す。

◎絞り出し袋に丸口金9番をセットする。

◎天板にオーブンシートを敷く。

◎オーブンは**2**で170℃に予熱する。

作り方

1 ボウルに**A**を入れ、なめらかになるまでゴムべらで混ぜる。

2 卵白はほぐし、4回に分けて**1**に加え、その都度ゴムべらで混ぜ残しがないように気をつけながら混ぜる（**a**）。米粉を加えてまとまるまでゴムべらで混ぜ、絞り出し袋に入れる。

予熱スタート！

3 天板に直径2cmの円形に絞る（**b**）。

4 170℃のオーブンで10分焼き、取り出してそのまま天板の上で冷ます。

5 〈仕上げ〉コーティング用チョコレートを湯せんにかけてとかし、小さな絞り出し袋（コルネ）に入れる。

6 袋の先端をカットして、**4**にジグザクにかける（**c**）。

[おいしく食べられる目安]
乾燥剤とともに密閉容器に入れて室温で5日間。

プチシュークリーム

バターではなく、米油を使ったので、軽くてさっぱりいただけます。
シューとクリームが口の中で一体化してなめらかな口当たりに。
よく冷やしてからいただくのがおすすめです。

A

牛乳	60g
米油	20g
塩	ふたつまみ

米粉	40g
とき卵	2個分
米油	10g

生クリーム入りカスタードクリーム

牛乳	300g

B

卵黄	3個分
きび砂糖	60g
バニラオイル	3滴

米粉	24g
生クリーム	80g

下準備

◎とき卵と米油はボウルに入れて混ぜ、室温におく。

◎絞り出し袋ⓐ（シュー生地）に丸口金7番をセットする。

◎絞り出し袋ⓑ（クリーム）に丸口金7番をセットする。

◎天板にシルパンを敷く。

　＊オーブンシートでもいいが、シルパンのほうが形よく膨らむ。

◎オーブンは**3**で190℃に予熱する。

シュークリームマウンテン

でき上がったシュークリームを山形に積み上げます。1段目に10個、2段目に7個、3段目に3個、4段目に1個。クリームはボウルに生クリーム100gとグラニュー糖7gを入れて氷水に当てながらホイッパーで角が立つまで泡立て、絞り出し袋に入れて、接着面と隙間に絞り出します。最後に半分にカットしたいちごとミントを飾ります。

作り方

鍋に**A**を入れて火にかけ、沸騰したら火を止める。

＊油がパチパチ飛ばないように、軽く混ぜながら加熱する。

すぐに米粉を加え、ゴムべらで混ぜながらまとめ、中火にかける。芯まで火が入るように、ゴムべらを鍋肌にこすりつけながら15秒加熱する。

ボウルに移し入れて軽く練り混ぜ、米油を混ぜたとき卵を8回くらいに分けて加え、その都度ゴムべらでよく混ぜ、逆三角形に垂れるかたさになったらOK。

予熱スタート！

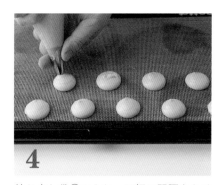

4

絞り出し袋@に入れ、天板に間隔をあけて直径3cmの円形を34個絞る。

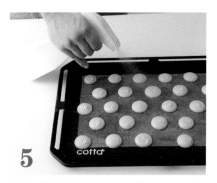

5

表面に霧吹きをかけ、190℃のオーブンで20分焼く。亀裂まで薄く焼き色がついたら焼き上がり。

6

オーブンから取り出してすぐに網にのせて冷まし、横側面に箸の細いほうで穴をあける。

＊シルパンに生地がくっついて取れにくくなるのですぐにはがす。

7

〈生クリーム入りカスタード〉別の鍋に牛乳を入れて火にかけ、沸騰したら火を止める。

8

別のボウルに **B** を入れ、白っぽくなるまでホイッパーで混ぜ、米粉を加えてさらに混ぜる。

9

7を2回に分けて加え、その都度ホイッパーでよく混ぜる。

10

7の鍋を洗って9を戻し入れて強めの中火にかけ、ゴムべらで混ぜながら炊く。ボコボコと泡が出てきたら、さらに20秒ほど炊き、つやが出てきたらでき上がり。

11

別のボウルにこし器でこす。

12

表面にラップをぴったり貼って氷を入れたポリ袋をのせ、冷蔵庫で30分ほど冷やす。

13

別のボウルに生クリームを入れ、氷水に当てながらハンドミキサーの高速で角が立つまで攪拌する。

14

12を冷蔵庫から出してホイッパーでなめらかになるまで混ぜほぐし、13を加えてゴムべらで均一になるまでさっくりと混ぜ合わせる。

15

絞り出し袋ⓑに入れ、6の穴に絞り出す。

[おいしく食べられる目安]
当日。

直径6×高さ3.2cmの
ストレートマフィン型

しっとり

オレンジアップサイドダウンケーキ

インスタグラムで大反響！　#みのすけスイーツでたくさん投稿していただいたケーキです。
オレンジスライス缶がビジュアルや風味に大きく貢献。
オレンジ香るしっとりケーキをどうぞ。

材料　ストレートマフィン型6個分

生地

卵 2個

きび砂糖 100g

A

　アーモンドパウダー 50g
　米粉 70g
　ベーキングパウダー 2g

バター（食塩不使用） 90g

オレンジスライス（缶詰）（a） 6枚

a

下準備

◎ボウルに A を入れ、ホイッパーでよく混ぜ合
　わせる。

◎バターは耐熱容器に入れ、電子レンジで2分加
　熱する（とかしバター）。

◎型に薄くバター（分量外）をぬる。

◎オーブンは2で180℃に予熱する。

作り方

1　オレンジはペーパータオルで水気を取っ
　て型に並べ入れ（b）、冷凍庫に入れておく。

2　別のボウルに卵を割り入れてほぐし、き
　び砂糖を加えてホイッパーでよく混ぜる。

　予熱スタート！

3　A を加えてなじむまで混ぜ、とかしバ
　ターも加えて同様にして混ぜる。

4　型に流し入れ、180℃のオーブンで22
　分焼く。

5　取り出して高さ10cmくらいのところか
　ら台に落とし（c）、型ごと木の板にひっ
　くり返して上から軽く押して型を外し、
　そのまま冷ます（d）。

［おいしく食べられる目安］
室温で3日間。冷凍で14日間。

b

c

d

しっとり
なめらか

ベイクドチーズケーキ

ギリシャヨーグルトの効果でさっぱりしているのになめらか。
レーズンの甘酸っぱさと焼き色がおいしさをそそるアクセントです。
おやつだけでなく、朝食でもいただけそう。

ここで使った型

直径6×高さ3.2cmの
ストレートマフィン型

材料 ストレートマフィン型6個分

クリームチーズ	200g
きび砂糖	90g
卵	2個
ギリシャヨーグルト（無糖）	100g
生クリーム	100g
米粉	20g
レーズン	36粒

下準備

◎レーズンは熱湯をかけてやわらかくなるまでおき、ペーパータオルで水気を取る。

◎型にオーブンシートを敷く。

◎クリームチーズは室温に戻す。

◎オーブンは**1**で160℃に予熱する。

作り方

1 ボウルにクリームチーズを入れ、なめらかになるまでホイッパーで混ぜる。

予熱スタート！

2 きび砂糖、卵、ヨーグルト、生クリーム、米粉を順に加え、その都度ホイッパーで均一な状態になるまでぐるぐる混ぜる。

3 ゴムべらにかえて、混ぜムラがないように底から上に返すようにして混ぜ（**a**）、こし器でこす（**b**）。

4 型にレーズンを6粒ずつ入れて**3**を流し入れ、160℃のオーブンで35分、200℃で5分焼く。

5 取り出して型のまま冷まし（**c**）、粗熱が取れたら型から出す。冷蔵庫で3時間以上しっかり冷やしてシートをはがす。

＊冷蔵庫で一晩冷やすと味がなじんでいっそうおいしい。

[おいしく食べられる目安]
冷蔵で4日間。

a

b

c

しっとり

いちごとバナナのマフィン

フルーツがアクセントのマフィン。
バナナの甘い香りと甘酸っぱいいちごは相性抜群。
バナナはしっかり熟れて、黒い斑点（シュガースポット）の出たものを使いましょう。

ここで使った型

直径6×高さ3.2cmの
ストレートマフィン型

材料　ストレートマフィン型6個分

バター（食塩不使用）	100g
きび砂糖	80g
塩	ひとつまみ
とき卵	1個分

A
米粉	120g
ベーキングパウダー	4g
バナナ	100g

仕上げ
バナナ	60gほど
いちご	6個

下準備

◎バターは室温に戻す。

◎ボウルにAを入れ、ホイッパーでしっかり混ぜる。

◎生地に入れるバナナはポリ袋に入れて握りつぶす。

◎型にグラシンカップを敷く。

◎オーブンは2で170℃に予熱する。

◎仕上げ用のバナナは1cm厚さの輪切りにし、いちごはへたを取って縦半分に切る。

作り方

1　ボウルにバターを入れてハンドミキサーで軽くほぐし、きび砂糖と塩を加えて白っぽくなるまで高速で混ぜる（a）。

2　とき卵を4回に分けて加え、ハンドミキサーの高速で混ぜる。その都度ゴムべらでボウルについた生地を落とす（b）。

予熱スタート！

3　Aを加えてなめらかになるまでゴムべらで混ぜ、つぶしたバナナを加えて同様に混ぜる。

4　〈仕上げ〉型に3をスプーンで入れ、バナナといちごをのせる（c）。

5　170℃のオーブンで25分焼く。取り出して高さ10cmくらいから台に落としてショックを与え、粗熱が取れたら型からはずす。

[おいしく食べられる目安]
室温で保存し、翌日まで。

a

b

c

37

食感

しっとり
焼きたて
サクッふわっ

はちみつマドレーヌ

焼きたてはサクッふわっ、翌日以降はしっとり。この食感の違いをぜひ味わってください。
それぞれのおいしさがダブルで楽しめるので、作る喜びもひとしお。
はちみつときび砂糖の相乗効果で奥深い味と香ばしさが楽しめます。

ここで使った型

7.5 × 5 × 高さ 1.4cmの
マドレーヌ型

[材料]　マドレーヌ型 8個分

A

とき卵	50g
きび砂糖	40g
はちみつ	10g

B

| 米粉 | 50g |
| ベーキングパウダー | 2g |

バター（食塩不使用） 50g

[下準備]

◎ボウルに **B** を入れ、ホイッパーでしっかり混ぜる。

◎バターは湯せんにかけてとかす（とかしバター）。

◎型にバター（分量外）を薄くぬって冷蔵庫に入れておく。

◎オーブンは **1** で200℃に予熱する。

[作り方]

1 ボウルに **A** を入れ、ホイッパーでしっかり混ぜ、**B** を加えてさらにしっかり混ぜる（**a**）。

　予熱スタート！

2 とかしバターも加えてしっかり混ぜ、型の9分目まで流し入れる（**b**）。

3 200℃のオーブンで10分ほど焼き、型をひっくり返して取り出し（**c**）、そのまま網にのせて冷ます。

[おいしく食べられる目安]
室温で3日間。冷凍で14日間。

a

b

c

食感

しっとり
焼きたて
サクッふわっ

抹茶フィナンシェ

フィナンシェは焦がしバターを加えて香ばしさを楽しみますが、
きび砂糖を使えばバターを焦がさなくても香ばしさ満点。
コクがあってフィナンシェらしいリッチな満足感が味わえます。

ここで使った型

7×3.5×高さ2cmの
フィナンシェ型

(材料) フィナンシェ型9個分

卵白 80g
きび砂糖 70g
A
　米粉 30g
　ベーキングパウダー 3g
　アーモンドパウダー 40g
　抹茶 6g
バター（食塩不使用） 80g

(作り方)

1　ボウルに卵白を入れてホイッパーでほぐ
　　してコシをきり（**a**）、きび砂糖を加えて
　　しっかり混ぜる（**b**）。

予熱スタート！

2　**A**を加えてしっかり混ぜ（**c**）、とかしバ
　　ターも加えてしっかり混ぜ、型の9分目
　　まで流し入れる。

3　200℃のオーブンで10分ほど焼き、型
　　をひっくり返して取り出す。上下を返し
　　て網にのせて冷ます。

[おいしく食べられる目安]
室温で3日間。冷凍で14日間。

(下準備)

◎ボウルに**A**を入れ、ホイッパーでしっかり混
　ぜる。

◎バターは湯せんにかけてとかす（とかしバター）。

◎型にバター（分量外）を薄くぬって冷蔵庫に入
　れておく。

◎オーブンは**1**で200℃に予熱する。

しっとり

ブラウニー

星形のクッキーをのせた愛らしいブラウニー。チョコレートの素朴な味が堪能でき、そこにクッキーの食感がアクセントに加わっておいしさ倍増です。混ぜて焼くだけでできるのもうれしい。

ここで使った型

約3×3cmの
星の抜き型

18cm角の
スクエア型
（セルクル）

〔材料〕 スクエア型（セルクル）1台分

A

米粉	50g
ココアパウダー	10g
ベーキングパウダー	2g

B

スイートチョコレート	100g
バター（食塩不使用）	80g

きび砂糖	90g
卵	2個
くるみ	35g（細かく刻む）

仕上げ

型抜きクッキー（p.16参照）	12枚
くるみ	15g

〔下準備〕

◎ボウルにAを入れ、ホイッパーでしっかり混ぜる。

◎別のボウルにBを入れ、70℃の湯せんにかけてとかす。

◎生地のくるみは粗みじん切りにする。

◎型にオーブンシートを敷く。

◎オーブンは1で180℃に予熱する。

〔作り方〕

1 Bのボウルにきび砂糖、卵、Aを順に加え、その都度ホイッパーでしっかり混ぜる。最後にくるみを加えて同様に混ぜる（a）。

予熱スタート！

2 〈仕上げ〉型に流し入れ、クッキーと手で割ったくるみをのせる（b）。

3 180℃のオーブンで18分ほど焼く。

4 取り出して高さ10cmくらいのところから台に落とし、型から取り出して網にのせて冷ます。好みのサイズにカットする。

［ おいしく食べられる目安 ］
室温で3日間。冷凍で14日間。

食感

ピスタチオミニクグロフ

し
っ
と
り

王冠のような形が特徴のクグロフ。
米粉にピスタチオパウダーを加えて、香り高い生地に仕上げました。
ホワイトチョコレートのトッピングで見た目も美しく、誰かに届けたくなる一品です。

ここで使った型

直径7×高さ4cmの
シリコンクグロフ型

材料	シリコンクグロフ型6個分

とき卵 100g
きび砂糖 100g
A
　米粉 70g
　ピスタチオパウダー 40g
　ベーキングパウダー 4g
バター（食塩不使用） 100g
仕上げ
コーティング用ホワイトチョコレート
　... 適量
ピスタチオ .... 適量

下準備

◎ボウルに**A**を入れ、ホイッパーでしっかり混ぜる。

◎バターは湯せんにかけてとかす（とかしバター）。

◎ホワイトチョコレートも湯せんにかけてとかす。

◎ピスタチオは150℃のオーブンで8分ほどローストする。

◎型にバター（分量外）を薄くぬって冷蔵庫に入れておく。

◎オーブンは**1**で170℃に予熱する。

作り方

1 ボウルにとき卵ときび砂糖を入れてホイッパーでしっかり混ぜ、**A**を加えてさらにしっかり混ぜる。

予熱スタート！

2 とかしバターも加えて（**a**）しっかり混ぜる。

3 型に流し入れ、170℃のオーブンで20分ほど焼いて、型のまま冷凍庫で2時間程度冷やし固める（**b**）。

＊冷凍するのは、型から取り出すときに形が崩れないようにするため。

4 〈仕上げ〉型からはずし、逆さにしてチョコレートをつけ（**c**）、すぐにピスタチオを飾る。

［おいしく食べられる目安］
室温で3日間。冷凍で14日間。

カヌレ＆生カヌレ

米粉で作る憧れのフランス菓子カヌレ。
カヌレ独特の食感を出すためのこだわりの配合にしました。
焼き型で仕上がりに違いが出るので注意を。
ここでは扱いやすいフッ素樹脂加工のものを使いました。

ここで使った型

直径5.5×高さ5cmの
カヌレ型

(材料)　　カヌレ型6個分

カヌレ

A
きび砂糖	90g
米粉	100g

B
牛乳	250g
バター (食塩不使用)	10g
はちみつ	10g

卵黄 3個分
ラム酒 30g
バニラオイル 3滴

生カヌレ

生クリーム 100g
きび砂糖 7g

クリームを味変しても楽しい！

作り方ではホイップクリームの作り方、詰め
方をご紹介しましたが、写真のような抹茶ク
リームやチョコクリームで味変した生カヌレ
もできます。抹茶クリームは抹茶4g、チョ
コクリームはココアパウダー8gをきび砂糖
各7gとしっかり混ぜ合わせてから、生クリ
ーム100gに加えて、作り方7 (p.49) と同様
にして泡立てます。

【下準備】

◎ボウルにAを入れてホイッパーでしっかり混ぜ合わせる。

◎型にバター（分量外）を薄くぬって冷蔵庫に入れておく。

◎オーブンに天板を入れて、1で230℃に予熱する。

◎絞り出し袋に丸口金9番をセットする。

作り方

1

鍋にBを入れて火にかけ、沸騰したら
火から下ろして、60℃くらいに冷ます。

予熱スタート！

2

AにBを加え、ホイッパーで静かにぐ
るぐる混ぜる。

3

卵黄、ラム酒、バニラオイルを順に加え、
その都度同様にして混ぜる。

4

1の鍋を受けて、3をこし器でこす。

5

型に流し入れ、230℃のオーブンで20
分、190℃で30分焼く。

6

取り出してひっくり返し、型をはずして
網にのせて冷ます。

48

7

〈生カヌレ〉ボウルに生クリームときび砂糖を入れ、氷水に当ててホイッパーで角が立つまで泡立て、絞り出し袋に入れる。

8

カヌレの底に箸の太いほうで穴をあける。

9

7を絞り入れる。ひっくり返して上面にはぐるぐる山形に絞る。

[おいしく食べられる目安]
当日または冷凍で14日間。

お菓子の
保存方法

作ったお菓子は「おいしく食べられる目安」を参考にして、なるべく早く食べることをおすすめします。保存する場合はおいしさをキープするようにしてください。

室温で保存

クッキー類は乾燥剤とともに密閉容器やチャックつきの保存袋、空き瓶などに入れ、直射日光が当たらない涼しい場所で保存してください。

冷凍庫で保存

パウンドケーキなどしっとり系のお菓子はオーブンシートごとラップでぴっちり包んで冷凍庫で保存します。スライスして1切れずつラップに包んで冷凍用保存袋に入れておくのも手。食べるときは自然解凍してください。

冷蔵庫で保存

ショートケーキやタルトなどの崩れやすいお菓子は、密閉容器を逆さまにして、ふたにケーキをのせ、容器をかぶせてカバーにすると安心です。あればケーキ箱でもOK。

一台で焼く ケーキとタルト

Cake & Tart

キャロットケーキやパウンドケーキ、ショートケーキ、シフォンケーキなど、大きな型で焼き上げるお菓子は、見た目も華やか。手みやげに持っていくと喜ばれること間違いなし。米粉ならではの軽さも好評です。

しっとり
もちもち

バナナブレッド

バナナの粘りに米粉と米油が加わって、しっとりもちもちの食感が生まれました。
ぐるぐる混ぜて焼くだけなので簡単。
朝食としてもいただける一品です。

ここで使った型

18 × 8.6 ×高さ6.3cmの
パウンド型

材料 パウンド型1台分

バナナ .... 小2本(正味130g)
＊黒い斑点が出てよく熟れたもの。
きび砂糖 80g
塩 .... ふたつまみ
卵 2個
A
| 米粉 100g
| ベーキングパウダー 7g
米油 30g
アーモンドスライス .... 適量

下準備

◎ボウルにAを入れ、ホイッパーでよく混ぜ合
わせる。
◎型にオーブンシートを敷く。
◎オーブンは1で170℃に予熱する。

作り方

1 ボウルにバナナを入れ、フォークでペースト状になるまでつぶす(a)。

予熱スタート！

2 きび砂糖と塩を加えてホイッパーで混ぜ、全体になじんだら卵を加えてさらに混ぜる(b)。

3 全体になじんだらAを加えてさらに混ぜ、最後に米油を加えてよく混ぜる(c)。

4 型に3を流し入れて、アーモンドスライスを散らす(d)。

5 170℃のオーブンで40分ほど焼く。竹串を刺して、何もついてこなければ焼き上がり。取り出して高さ10cmくらいのところから台に落とし、型から取り出して網にのせて冷ます。

[おいしく食べられる目安]
室温で2日間。冷凍で14日間。

a

b

c

d

しっとり

キャロットケーキ

見た目はどっしりですが、
口に入れるとなんとも軽い食感に驚きです。
できたてもおいしいですが、ラップに包んで冷蔵庫でしっかり冷やしから食べても good！

ここで使った型

18 × 8.6 × 高さ 6.3cmの
パウンド型

(**材料**) パウンド型1台分

卵	2個			
米油	80g		A	
きび砂糖	80g		米粉	120g
塩	ひとつまみ		ベーキングパウダー	2g
牛乳	40g		重曹	2g
おろししょうが（チューブでも可）.......	2g		シナモンパウダー	2g
			ナツメグパウダー	0.5g
			くるみ	40g
			レーズン	60g
			にんじん	100g（正味）

下準備

◎ A はホイッパーでしっかり混ぜ合わせる。

◎ くるみはみじん切りにする。

◎ レーズンに熱湯をかけ、やわらかくなったら手で水気を絞って
　細かく刻む。

◎ にんじんはスライサーで細切りに
　する（a）。

◎ 型にオーブンシートを敷く。

◎ オーブンは1で180℃に予熱する。

**ヨーグルトクリームを添えて、
おいしいアレンジ**

ボウルにギリシャヨーグルト（無糖）50g、生
クリーム50g、塩ひとつまみを入れ、氷水に
当てながら泡立てます。切り分けたキャロッ
トケーキを器に盛ってこれを添えていただく
と、さっぱり味のクリームがスポンジを包ん
で後を引くおいしさです。

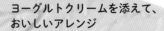

作り方

1　ボウルに卵と米油を入れ、ホイッパーでよく混ぜ、きび砂
　糖と塩を加えてさらに混ぜる。牛乳、おろししょうが、A
　も順に加え、その都度よく混ぜる。

`予熱スタート！`

2　くるみ、レーズン、にんじん
　を加え（b）、ホイッパーで均
　一になるまで混ぜる。

3　型に流し入れ（c）、180℃の
　オーブンで35分ほど焼く。
　竹串を刺して、何もついてこ
　なければ焼き上がり。

4　取り出して高さ10cmくらい
　のところから台に落とし、型
　から取り出して網にのせて冷
　ます。

［ おいしく食べられる目安 ］
室温で2日間。冷凍で14日間。

食感

しっとり

チョコレートパウンド

繊細でなめらかなチョコレートの口どけのよさが自慢のパウンドケーキ。
チョコ好きにはたまらないおいしさです。
ピーカンナッツの食感と香ばしさがアクセント。

ここで使った型

18×8.6×高さ6.3cmの
パウンド型

材料 パウンド型1台分

バター（食塩不使用）............................ 90g
きび砂糖 90g
塩 .... ひとつまみ
とき卵 90g

A
| 米粉 60g
| ココアパウダー 20g
| ベーキングパウダー 3g
牛乳 15g
スイートチョコレート 30g
ピーカンナッツ 30g

仕上げ
スイートチョコレート .... 30g＋20g
ピーカンナッツ 4個

下準備

◎バターは室温に戻す。

◎ボウルにAを入れ、ホイッパーでしっかり混
　ぜ合わせる。

◎とき卵は室温に戻す。

◎生地用と仕上げ用のチョコレート20gはそれ
　ぞれ刻む。

◎生地用のピーカンナッツは刻む。

◎型にオーブンシートを敷く。

◎オーブンは2で170℃に予熱する。

作り方

1　ボウルにバターを入れてハンドミキサー
　でほぐし、きび砂糖と塩を加えて白っぽ
　くなるまで高速で攪拌する。

2　とき卵を8回に分けて加え、ハンドミキ
　サーで攪拌する。その都度混ぜ残しがな
　いように、ゴムべらでボウルに残った生
　地を払う。A、牛乳、チョコレートとピー
　カンナッツを順に加え、その都度ゴム
　べらでなめらかになるまで混ぜる（a）。

予熱スタート！

3　型に流し入れ、中央から両端にすり上げ
　て（b）、中央にゴムべらで筋を1本入れ
　る（c）。

4　170℃のオーブンで35分ほど焼く。

5　取り出して高さ10cmくらいのところか
　ら台に落とし、型から取り出して網にの
　せて冷ます。

6　〈仕上げ〉チョコレート30gは湯せんにか
　けてとかし、5にランダムにかけて（d）、
　ピーカンナッツと刻んだチョコレートを
　のせる。

[おいしく食べられる目安]
室温で3日間。冷凍で14日間。

a

b

c

d

栗とくるみのパウンドケーキ

カットすると栗の存在感に目を奪われます。
ラム酒の風味が鼻に抜けてなんともリッチなお菓子。
手みやげに持っていくと、ぜいたくなティータイムが楽しめそう。

ここで使った型

18×8.6×高さ6.3cmの
パウンド型

材料　パウンド型1台分

バター（食塩不使用）	70g
きび砂糖	70g
塩	ひとつまみ
とき卵	60g
A	
米粉	60g
アーモンドパウダー	20g
ベーキングパウダー	2g
ラム酒	10g
くるみ	30g
栗の渋皮煮	12個

下準備

◎バターは室温に戻す。

◎ボウルにAを入れてホイッパーでしっかり混ぜ合わせる。

◎くるみは粗みじん切りにする。

◎栗4個は4等分に切る。

◎絞り出し袋を用意する。

◎型にオーブンシートを敷く。

◎オーブンは2で170℃に予熱する。

作り方

1　ボウルにバターを入れてハンドミキサーではぐし、きび砂糖と塩を加えて白っぽくなるまで高速で攪拌する

2　とき卵を7回に分けて加え、ハンドミキサーで攪拌する。その都度混ぜ残しがないように、ゴムべらでボウルに残った生地を払う。
＊4回目くらいで分離しそうになったらAの半量を加える。

予熱スタート！

3　A、ラム酒を順に加え、その都度ゴムべらでなめらかになるまで混ぜる。

4　くるみを加えて混ぜ、絞り出し袋に入れて先端をカットする。

5　型の底一面に生地の⅓量を絞り入れ（**a**）、栗8個を2列に並べる（**b**）。

6　残りの生地の半量を絞り入れ、カットした栗をのせる。

7　残りの生地を絞り入れて（**c**）ゴムべらで表面を平らにする。

8　170℃のオーブンで30分焼く。竹串を刺して、何もついてこなければ焼き上がり。

9　取り出して軽くトントンと台に落とし、型から取り出して網にのせて冷ます。

［おいしく食べられる目安］
室温で3日間。冷凍で14日間。

ザッハトルテ

本場オーストリアのザッハトルテを食べて、その濃厚さに感激。
日本人好みに軽くてもたれず、それでいてしっかり濃厚さを感じるように工夫しました。
上がけも家庭で作りやすいガナッシュ仕上げにしています。

ここで使った型

直径15cmの丸型

材料　丸型1台分

生地

スイートチョコレート 80g

米油 40g

きび砂糖 20g

卵黄 2個分

生クリーム 20g

米粉 40g

メレンゲ

卵白 2個分

きび砂糖 40g

仕上げ

あんずジャム 120g

水 12g

スイートチョコレート 90g

生クリーム 70g

＊ 上掛けするチョコレートのかたさはカカオ分で
　 変わる。ここではカカオ分52%のものを使用。

**手みやげにするときは
ホイップクリームを添えて**

ホイップクリームの作り方は、ボウルに生クリーム70g（分量外）を入れて氷水に当てながらハンドミキサーの高速で角が立つまで泡立てます。手みやげにするときは、ケーキは箱に入れ、ホイップクリームは小さな容器に入れて。こうするとクリームが崩れる心配がありません。渡すときに「お好みでクリームを添えてお召し上がりください」と伝えましょう。

下準備

◎卵白は使う直前まで冷蔵庫に入れておく。

◎ボウルに仕上げ用のチョコレートを入れ、
　湯せんにかけてとかす。

◎型にオーブンシートを敷く。

◎オーブンは3で170℃に予熱する。

1

〈生地〉ボウルにチョコレートと米油を入れ、湯せんにかけて溶かす。

2

湯せんからはずしてきび砂糖、卵黄、生クリームを順に加え、その都度ホイッパーでしっかり混ぜて、木の板（または乾いた布）の上に置いておく。

＊生地が締まって高さが出にくくなるので、冷めすぎないようにする。

3

〈メレンゲ〉別のボウルに卵白ときび砂糖を入れ、ハンドミキサーの高速で2分、低速で1分泡立てる。持ち上げたとき先端がおじぎをするのが終点。

予熱スタート！

4

メレンゲの一部をホイッパーですくって**2**に加え、メレンゲが見えなくなるまで混ぜる。

5

残りのメレンゲも加え、ゴムべらでボウルの底から上に返すようにしてさっくり混ぜてマーブル状にする。

6

米粉を表面に広げ入れ、同様にして均一に混ぜる。

7

型に流し入れ、軽くトントンと台に落とす。天板にのせ、170℃のオーブンで約35分焼く。竹串を刺して、何もついてこなければ焼き上がり。

8

取り出して高さ10cmくらいのところから台に落とし、型のまま冷ます。

9

完全に冷めたら、逆さまにして網にのせ、型をはずしてシートをはがす。バットに別の網をのせて移す。

＊ここでは別の網にのせたが、同じ網の下にバットを置いてもいい。

10

〈仕上げ〉鍋にあんずジャムと分量の水を入れて火にかけ、沸騰したら火を止めて、熱いうちに**9**の表面と側面にぬる。冷蔵庫に入れて表面を固める。

11

別の鍋に生クリームを入れて火にかけ、沸騰したらチョコレートのボウルに加え、ホイッパーで中心から少しずつ混ぜて乳化させる（ガナッシュ）。

＊このとき、さらさらしていたら、少し粘りが出てくるまで氷水に当てて冷やす。

12

10に**11**をかけて、余分なガナッシュをパレットナイフで払い、側面にもぬり広げる。冷蔵庫で20分ほど冷やし、表面を固める。

＊かけた直後だと足りない部分にぬることができる。

[おいしく食べられる目安]
冷蔵で3日間。

いちごショートケーキ

やさしい甘みのきび砂糖を使った米粉のスポンジ生地は、口の中でとけるようなやわらかさ。
このレシピはお菓子作り未経験の私の兄でも作れるように考えたものなので、とっても簡単です。
クリームも全体をぬらず、ネイキッド仕上げにしました。

ここで使った型

直径15cmの丸型

材料　丸型1台分

卵白	3個分
きび砂糖	80g
卵黄	3個分
米粉	60g
牛乳	15g
米油	15g

シロップ

きび砂糖	10g
水	20g
生クリーム	200g
きび砂糖	14g
いちご	小約30個
セルフィーユ	適量

下準備

◎いちごはへたを取って縦半分に切る。

◎型にオーブンシートを敷く。

◎オーブンは**1**で170℃に予熱する。

作り方

1 ボウルに卵白ときび砂糖を入れ、ハンドミキサーの高速で2分、低速で3分攪拌し、つやとボリュームのあるメレンゲを作る。

予熱スタート!

2 卵黄をメレンゲの中心にのせ、その部分だけをハンドミキサーでさっと混ぜ（**a**）、ゴムべらで全体を軽く混ぜてマーブル状にする（**b**）。

3 米粉を表面に広げ、ゴムべらで底から上に返すようにして60回混ぜる。

4 牛乳と米油をゴムべらに当てながら回し入れ、底から上に返すようにして40回混ぜる。

5 型に流し入れ、軽くトントンと台に打ちつけて表面を整え、170℃のオーブンで30分焼く。竹串を刺して、何もついてこなければ焼き上がり。

6 取り出して高さ10cmくらいのところから台に落とし、型からはずして網にのせて冷ます。

7 波刃包丁で上面の焼き目を切り取って表面を平らにし、台と平行に包丁を動かして横3等分にスライスする。

8 〈シロップ〉鍋にきび砂糖と分量の水を入れて火にかけ、沸騰したら容器に移して冷ます。

9 ボウルに生クリームときび砂糖を入れて氷水に当てながら、ハンドミキサーの高速で角が立つまで泡立てる。

10 回転台に**7**のスポンジの一番下をのせ、刷毛でシロップをぬってクリームを薄くぬり広げ（**c**）、カットしたいちごをのせて**9**を真ん中に落とし、パレットナイフで軽く広げる（**d**）。2枚目のスポンジものせてこれを繰り返す。

11 3枚目のスポンジをのせて、シロップをぬって残りのクリームをぬり広げ、いちごとセルフィーユを飾る。

[おいしく食べられる目安]
当日。

抹茶ガトーショコラ

抹茶とホワイトチョコレートの組み合わせが絶妙。
見た目は抹茶色ですが、食べるとどちらの味や風味もちゃんと生かす配合になっています。
好みで生クリームを添えて食べてもおいしいですよ。

ここで使った型
直径15cmの丸型

(材料)　丸型1台分

ホワイトチョコレート 80g

米油 40g

きび砂糖ⓐ 20g

抹茶 8g

卵黄 2個分

牛乳 20g

卵白 2個分

きび砂糖ⓑ 30g

米粉 50g

仕上げ

抹茶 .... 適量

(下準備)

◎型にオーブンシートを敷く。

◎オーブンは4で170℃に予熱する。

(作り方)

1　ボウルにホワイトチョコレートと米油を入れ、湯せんにかけてとかす。

2　別のボウルに抹茶ときび砂糖ⓐを入れてホイッパーでしっかり混ぜ合わせ、湯せんからはずした1に加えて混ぜる。

3　卵黄、牛乳の順に加え、その都度ホイッパーでよく混ぜ、木の板（または乾いた布）の上に置いておく。
　＊生地が締まって高さが出にくくなるので、冷めすぎないようにする。

4　別のボウルに卵白ときび砂糖ⓑを入れ、ハンドミキサーの高速で2分、低速で1分ほど泡立てる。

(予熱スタート!)

5　3に4の⅓量をホイッパーですくって加え（a）、メレンゲが見えなくなるまで混ぜ合わせる。

6　残りのメレンゲを加え、ゴムべらでボウルの底から上に返すようにしてマーブル状になるまで混ぜる（b）。

7　表面に米粉をまんべんなく広げ入れ、同様にして粉気がなくなるまで混ぜる。

8　型に流し入れ、170℃のオーブンで30分焼く。竹串を刺して、何もついてこなければ焼き上がり。

9　取り出して高さ10cmくらいのところから台に落とし、型ごと網にのせて冷ます。

10　〈仕上げ〉型から取り出して、茶こしで抹茶をふり、好みの大きさにカットする。

［ おいしく食べられる目安 ］
冷蔵で3日間。冷凍で14日間。

紅茶シフォン

軽くて口どけのよさが受講者のみなさんに大人気だった一品です。
茶葉をそのまま加えず抽出液にしましたが、しっかりと紅茶の風味が感じられ、
なめらかできめ細かいシフォン生地に仕上がりました。

材料　シフォン型1台分

卵黄	4個分
きび砂糖ⓐ	20g
米油	30g
水	120g
紅茶の茶葉（アールグレイ）	12g
米粉	60g

メレンゲ

卵白	4個分
塩	ひとつまみ
きび砂糖ⓑ	50g

ここで使った型

直径17cmのシフォン型

フィルムでラッピング

手みやげにするときは、ふわふわの生地をそのまま届けたいので生地が乾燥しないように心がけましょう。8等分にカットして、25cm角のOPPシートの中央にのせて包み、お気に入りのテープでとめます。

下準備

◎型の芯の部分にオーブンシートを巻きつけ、はみ出した部分を内側に押し込む（a）。

◎オーブンは天板を入れて7で170℃に予熱する。

作り方

1

鍋に分量の水を入れて火にかけ、沸騰したら茶葉を入れて5分蒸らす。こし器でこして60gを計量する。量が足りないときは湯を足す。

2

ボウルに卵黄ときび砂糖ⓐを入れ、白っぽくなるまでホイッパーで泡立てる。

3

米油、1の紅茶液、米粉の順に加え、その都度ホイッパーでなめらかになるまで混ぜる。

4 〈メレンゲ〉別のボウルに卵白と塩を入れ、ハンドミキサーで軽くほぐしてきび砂糖ⓑを加える。

5 ハンドミキサーの高速で2分、低速で2分ほど泡立てる。羽根を持ち上げたとき、角が立つのが終点。

6 **3**にメレンゲを3回に分けて加える。1回目は⅓量を加えてホイッパーでなじむまでぐるぐる混ぜる。

7 2回目は残りの半量を加えてホイッパーをボウルに押しつけるようにしてなじむまで混ぜる。なじんできたら「生地をすくい上げる→ふり落とす」を繰り返す。

予熱スタート！

8 3回目は残りのメレンゲを加え、2回目と同様にして混ぜる。なじんできたら、ゴムべらで底から上に返すようにして30回混ぜる。

9 生地を型に流し入れ、竹串で外側から内側にぐるっと2周回す。

10

ゴムべらで中心から縁にむかってすり上げ、放射線状の跡をつける。170℃のオーブンで30分焼く。

11

取り出してそのままひっくり返した状態で3時間以上冷ます。

12

テーブルの端などを利用して型を横にしてのせ、外枠と生地の間にナイフを差し込んで固定し、型を回して外枠をはずす。

13

上向きに置き、底板と生地の間にナイフを差し込んで1周させる。

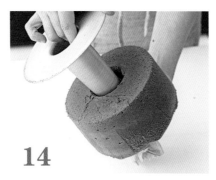

14

内側に押し込んだシートを引き出して片手で持ち、もう片方の手で底部分を引き出して型をはずす。

15

手にのせ、シートをやさしくはがしながら引き抜く。

[おいしく食べられる目安]
冷蔵で4日間。

シュワッ
ふわっ

豆乳ごまきな粉シフォン

和素材のごまときな粉の組み合わせに、やさしい風味の豆乳を合わせました。
ほっと和む味わいで口当たりのよさは絶品。
米粉ならではのしっとり感を満喫できるシフォンです。

ここで使った型

直径17cmのシフォン型

材料　シフォン型1台分

卵黄 4個分
きび砂糖ⓐ 20g
米油 30g
豆乳（成分無調整） 60g
米粉 50g
きな粉 10g
黒ごま 12g

メレンゲ

卵白 4個分
塩 .... ひとつまみ
きび砂糖ⓑ 50g

下準備

◎豆乳は室温に戻す。

◎型の芯の部分にオーブンシートを巻きつけ、はみ出た部分を内側に押し込む（p.69・a 参照）。

◎オーブンに天板を入れて3で170℃に予熱する。

作り方

1　ボウルに卵黄ときび砂糖ⓐを入れ、白っぽくなるまでホイッパーで泡立てる。

2　米油、豆乳、米粉、きな粉、黒ごまの順に加え、その都度ホイッパーでしっかり混ぜる（a）。

3　〈メレンゲ〉別のボウルに卵白と塩を入れ、ハンドミキサーで軽くほぐしてきび砂糖ⓑを加える。ハンドミキサーの高速で2分、低速で2分ほど泡立てる。

予熱スタート！

4　2にメレンゲを3回に分けて加える。1回目は⅓量を加えてホイッパーでぐるぐる混ぜ、2回目は残りの半量を加えてホイッパーをボウルに当てながら混ぜ、なじんできたら「生地をすくい上げる→ふり落とす」を繰り返す（b）。

5　3回目は残りのメレンゲを加え、2回目と同様にして混ぜる。なじんできたら、ゴムべらで底から上に返すようにして30回混ぜる（c）。

6　生地を型に流し入れ、ゴムべらで放射線状の跡をつける（p.71・10参照）。

7　170℃のオーブンで30分焼き、取り出してそのままひっくり返した状態で3時間以上冷ます。

8　紅茶シフォンの作り方12〜15（p.71）と同様にして型からはずす。

［ おいしく食べられる目安 ］
冷蔵で4日間。

ダックワーズタルト

タルト生地、アーモンドクリーム、ダックワーズ生地の3層仕立てのぜいたくタルト。
アーモンドの風味が存分に味わえます。
セルクルの中で重ねて焼くだけなので、だれでも簡単に作れます。

材料　セルクル1台分

タルト生地

バター（食塩不使用）	50g
きび砂糖	25g
塩	1g
卵黄	1個分

A

米粉	60g
アーモンドパウダー	10g
ベーキングパウダー	2g

アーモンドクリーム

バター（食塩不使用）	30g
きび砂糖	30g
アーモンドパウダー	30g
とき卵	30g
レーズン	30g
ラム酒	5g

ダックワーズ生地

卵白	1個分
きび砂糖	10g

B

アーモンドパウダー	20g
きび砂糖	15g

仕上げ

きび砂糖	適量
アーモンドスライス	適量

クリームとトッピングをアレンジ

アーモンドクリームのレーズンとラム酒を、インスタントコーヒー5gとブランデー5gを合わせたものに変えてもおいしいですよ。この場合の仕上げは粉砕したコーヒー豆をふってヘーゼルナッツを散らします。

下準備

◎バターはそれぞれ室温に戻す。

◎AとBはそれぞれボウルに入れ、ホイッパーでしっかり混ぜ合わせる。

◎アーモンドクリームのレーズンは熱湯をかけてふやかし、手で水気を絞ってラム酒をふる。冷めたら細かく刻む。

◎天板にシルパンを敷く。

◎オーブンは7で180℃に予熱する。

1

〈タルト生地〉ボウルにバターを入れてきび砂糖と塩を加えてゴムべらですり混ぜ、卵黄も加えてすり混ぜる。

2

Aを加え、ゴムべらで切るようにして混ぜる。

3

ラップに包んで平らにし、冷蔵庫で1時間以上休ませる。

4

取り出してラップを開き、生地を半分に割って重ね、めん棒でたたいてかたさを均一にする。

5

生地の上にもラップをのせ、めん棒でセルクルより一回り大きくのばす。

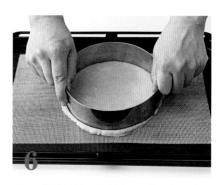

6

ラップをはずして天板にのせ、セルクルで型抜きしてセルクルを置いたまま冷蔵庫に入れておく。

7

〈アーモンドクリーム〉ボウルにバターを入れてきび砂糖を加えてゴムべらですり混ぜる。さらにアーモンドパウダーを加えてよく混ぜる。

予熱スタート!

8

とき卵を5回に分けて加え、その都度ゴムべらで混ぜ残しがないよう混ぜる。最後にラムレーズンも加えて混ぜ込む。

9

6の上に8をのせ、ゴムべらで平らに広げる。180℃のオーブンで15分ほど焼き、粗熱を取る。

10

〈ダックワーズ生地〉ボウルに卵白ときび砂糖を入れ、ハンドミキサーの高速で1分、低速で2分で攪拌してメレンゲを作る。Bをふるい入れ、ゴムべらでさっくりと混ぜる。

11

〈仕上げ〉9の上に10をのせて広げ、茶こしできび砂糖をふってアーモンドスライスを散らす。180℃のオーブンで20分焼き、そのまま冷ます。

12

セルクルの内側をナイフで1周して取り出す。

[おいしく食べられる目安]
室温で3日間。冷凍で14日間。

フルーツ焼き込みタルト2種

ジューシーなフルーツと表面にぬったつややかなあんずジャム。
見るからに食欲をそそるタルトです。冷凍のフルーツは凍ったままでOK。
お好みのフルーツでアレンジして楽しみましょう。

ここで使った型

直径15cmのセルクル

材料 （セルクル1台分）

タルト生地

バター（食塩不使用）	50g
きび砂糖	25g
塩	1g
卵黄	1個分

A

米粉	60g
アーモンドパウダー	10g
ベーキングパウダー	2g

アーモンドクリーム

バター（食塩不使用）	40g
きび砂糖	40g
アーモンドパウダー	40g
とき卵	40g

ブルーベリーの場合

ブルーベリー	30個
あんずジャム	100g
アーモンドスライス	適量

ピンクグレープフルーツの場合

ピンクグレープフルーツ（冷凍）	60g
あんずジャム	100g
ピスタチオ（ロースト）	適量

下準備

◎バターはそれぞれ室温に戻す。

◎ボウルに**A**を入れ、ホイッパーでしっかり混ぜ合わせる。

◎天板にシルパンを敷く。

◎オーブンは**6**で170℃に予熱する。

作り方

1 〈タルト生地〉ボウルにバターを入れてきび砂糖と塩を加えてゴムべらですり混ぜ、卵黄を加えてさらにすり混ぜる。

2 **A**を加えて切るようにして混ぜる。

3 ラップで包んで平らにし、冷蔵庫で1時間以上休ませる。

4 取り出してラップを開き、めん棒でたたいてかたさを均一にする（**a**）。

5 生地の上にもラップをのせ、めん棒でセルクルより一回り大きくのばし、ラップをはずして天板にのせる。セルクルで型抜きしてセルクルを置いたまま冷蔵庫に入れておく。

6 〈アーモンドクリーム〉ボウルにバターを入れてきび砂糖を加え、ゴムべらですり混ぜる。さらにアーモンドパウダーも加えてよく混ぜる。

予熱スタート！

7 とき卵を5回に分けて加え、その都度ゴムべらで混ぜ残しがないよう混ぜる。

8 〈ブルーベリーの場合〉**5**の上に**7**をのせ、ゴムべらで平らに広げる（**b**）。ブルーベリーを並べ、170℃のオーブンで45分ほど焼く。

9 天板のまま冷まし、セルクルの内側をナイフで1周して取り出す。

10 鍋にあんずジャムを入れて火にかけ、沸騰したら**9**の表面に刷毛でぬり（**c**）、アーモンドスライスを散らす。

11 〈ピンクグレープフルーツの場合〉作り方**8**でブルーベリーをピンクグレープフルーツに、作り方**10**でアーモンドスライスをピスタチオに変えて同様にして作る。

［おいしく食べられる目安］
冷蔵で3日間。

材料のこと

材料はお菓子の味の決め手になるもの。
本書では米粉をはじめとして体にやさしい材料を使っています。

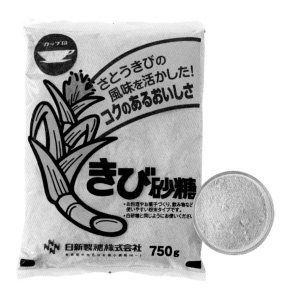

米粉

国産米粉100％の菓子・料理用のものを。ほかにミックスタイプがありますが、グルテンが含まれているものがあるので注意が必要です。本書ではスーパーなどで手軽に購入できる米粉「お米の粉 お料理自慢の薄力粉」（波里）を使用しています。他のメーカーのものを使用する場合は仕上がりに若干の差があるので、焼き時間などの調整をしてください。

きび砂糖

さとうきびの液を煮詰めて作った砂糖の一種。色は薄茶色で特有の風味とコクがあります。ミネラルやカリウムなどを多く含み、まろやかな甘みが特徴です。

米油

本書では米油を幸に使用しています。米油は米ぬかから生まれた植物油。オレイン酸やリノレン酸、抗酸化物質などを多く含み、体にやさしい油です。

バター

すべて食塩不使用のものを使用しています。一度とけると元に戻らないので冷蔵庫でなるべく空気に触れないようにして保存してください。冷凍保存する場合は小分けにしてラップに包み、保存袋に入れておくと半年くらいはおいしくいただけます。

クリームチーズ

いろいろなメーカーのものがありますが、それぞれ酸味とミルキー感が異なるので、自分好みのものを使ってください。使うときはフィルムごとカットし、カット面にラップを密着させて保存袋へ。その後はできるだけ早く使い切ってください。

生クリーム

本書では乳脂肪分35%のものを使っています。泡立ててホイップクリームにするときは、ボウルの底を氷水に当てて冷やしながらホイップします。開封したらなるべく早く使い切るようにしてください。

チョコレート

スイートチョコレートはクーベルチュールを使っています。脂肪分が高くて口どけがいいのでお菓子に向いています。コーティングチョコレートはテンパリング不要のものを使っています。

卵

正味50〜55gのMサイズを使用しています。卵黄は冷凍保存できませんが、卵白は保存袋に入れて1か月ほど冷凍保存できます。

道具のこと

いつも使っているもので大丈夫。
使い慣れたものだと作業がスムーズにできます。

ボウル

私が使っているのは直径18㎝の普通タイプ、粉を混ぜたり卵を泡立てやすい直径18㎝の台形タイプ、ハンドミキサーを使うときに空気を含みやすい深さのあるタイプ。材質は選ばないのでどんなものでも大丈夫です。

ホイッパー（泡立て器）

ワイヤーがしっかりして握りやすいものを使ってください。根元部分に汚れがたまりやすいので、使ったらすぐにきれいに洗ってください。

ハンドミキサー

「高速」「中速」「低速」の3段階に切り換えられるものなら、どんなタイプでも大丈夫です。

ゴムべら

耐熱タイプのものを2〜3本用意しておくと便利です。

シルパン

厚手のガラス繊維製タイプのオーブンシート。プチシュークリーム（p.28）とダックワーズタルト（p.74）、フルーツ焼き込みタルト（p.78）で使います。

カード

生地を切り混ぜるときに使います。

絞り出し袋と口金

絞り出し袋は使い捨てタイプ。口金は用途に合わせて使い分けます。

網（ケーキクーラー）

焼き上がったお菓子を冷ますときに使います。型のままのせたり、天板からお菓子を取り出してのせます。

オーブンシート

紙製の使い捨てタイプ。型や天板に敷きます。

パレットナイフ

フラットタイプとL字タイプがありますが、フラットタイプがあれば大丈夫。

ナイフ

材料を切ったり、お菓子を切ったり、型から生地をはがすときに使います。

刷毛

シロップやジャムをぬるときに使います。シリコン製のものが洗いやすいので便利。

定規

生地の大きさをはかったり、お菓子を切り分けるときに使います。

天板

オーブンに付属のもの。

軍手

オーブンから天板を取り出すときに使います。

柳谷みのり
Minori Yanagidani

「みのすけ通信お菓子教室」主宰。菓子製造技能士2級(洋菓子)。1988年福岡県生まれ。2009年、中村調理製菓専門学校製菓技術科卒業後、フランス菓子オーヴェルニュ、同校職員、南国フルーツ株式会社の商品開発などの勤務を経て、2019年4月より「みのすけ通信お菓子教室」として独立。企業のレシピ開発、教室、イベントなども精力的に手がけている。現在は夫と5歳の長男と0歳の次男、猫の4人＋1匹暮らし。仕事と子育てで忙しい日々を送っている。著書に『「みのすけ通信お菓子教室」のかわいいシェアスイーツ』(文化出版局)、『12か月の小さくてかわいいスイーツの贈り物 From「みのすけ通信お菓子教室」』(グラフィック社)。

HP : https://www.minosuke9.com

Instagram :
@minosuke9

食感と軽さがうれしい
「米粉」で作る いつものお菓子

2023年4月30日　第1刷発行
2024年3月27日　第2刷発行

著　者　柳谷みのり
発行者　清木孝悦
発行所　学校法人文化学園 文化出版局
　　　　〒151-8524　東京都渋谷区代々木3-22-1
　　　　電話　03-3299-2485(編集)
　　　　　　　03-3299-2540(営業)
印刷・製本所　株式会社文化カラー印刷

© Minori Yanagidani 2023　Printed in Japan
本書の写真、カット及び内容の無断転載を禁じます。

本書のコピー、スキャン、デジタル化等の無断複製は著作権法上での例外を除き、禁じられています。
本書を代行業者等の第三者に依頼してスキャンやデジタル化することは、たとえ個人や家庭内での利用でも著作権法違反になります。

文化出版局のホームページ　https://books.bunka.ac.jp/

アートディレクション・ブックデザイン
　小橋太郎(Yep)

撮影
　公文美和

スタイリング
　池水陽子

調理アシスタント
　石原 萌
　福島詩織

校閲
　山脇節子

編集
　小橋美津子(Yep)
　田中 薫(文化出版局)

Special Thanks
　野中 高

材料協力

株式会社 波里
https://www.namisato.co.jp

cotta
https://www.cotta.jp